Juan de la cueva

El saco de Roma

Barcelona **2024**
Linkgua-ediciones.com

Créditos

Título original: El saco de Roma.

© 2024, Red ediciones S.L.

e-mail: info@linkgua.com

Diseño de cubierta: Michel Mallard.

ISBN rústica: 978-84-9816-614-9.
ISBN ebook: 978-84-9897-912-1.

Cualquier forma de reproducción, distribución, comunicación pública o transformación de esta obra solo puede ser realizada con la autorización de sus titulares, salvo excepción prevista por la ley. Diríjase a CEDRO (Centro Español de Derechos Reprográficos, www.cedro.org) si necesita fotocopiar, escanear o hacer copias digitales de algún fragmento de esta obra.

Sumario

Créditos _____ 4

Brevísima presentación _____ 7
   La vida _____ 7

Personajes _____ 8

Jornada primera _____ 9

Jornada segunda _____ 21

Jornada tercera _____ 35

Jornada cuarta _____ 53

Libros a la carta _____ 61

Brevísima presentación

La vida

Juan de la Cueva de Garoza (Sevilla, 1543-1612). España.

Vivió en Cuenca, en Canarias y en México entre 1574 y 1577; a su regreso a España empezó a escribir dramas. Se inspiró en el Romancero y en la mitología grecolatina y adoptó temas históricos y legendarios.

Escribió además veinticinco sonetos, varias églogas, una elegía, una sextina, tres madrigales y dos odas, que aparecen en el cancionero Flores de varia poesía. El Ejemplar poético, escrito hacia 1606 y dividido en tres epístolas, es un arte poética manierista en tercetos encadenados. Otras obras suyas son Viaje de Sannio, poema de crítica literaria; La Muracinda, una narración épica burlesca de una venganza entre perros y gatos en endecasílabos blancos, el poema mitológico en octavas reales Llanto de Venus en la muerte de Adonis, y la narración mitológica burlesca en octavas reales Los amores de Marte y Venus. Una colección de sus poemas fue publicada como Obras de Juan de la Cueva (Sevilla, 1582) y sus romances aparecen en Coro Febeo de Romances historiales (1587). También le tentó la épica culta, y escribió el poema en veinticuatro cantos La conquista de la Bética (Sevilla, 1603), que describe la conquista de Sevilla por Fernando III el Santo.

Personajes

Alemán
Atambor
Avendaño, soldado
Camila, matrona romana
Capitán morón
Capitán Sarmiento
Cornelia, matrona romana
Don Fernando Gonzaga
Emperador Carlos V
Escalona, soldado
Farias, soldado
Filiberto, general, muerto Borbón
General Borbón
Guarda
Italiano
Julia, matrona romana
Mensajero de Roma
Salviati, el que corona al emperador

Jornada primera

Borbón, don Fernando Gonzaga, Capitán Morón, Avendaño, Escalona, Guarda, Mensajero de Roma.

    Borbón junta su consejo de guerra, sobre el saquear a Roma que ya tenía cercada. El capitán Morón contradice el saquealla, Avendaño y Escalona, dos soldados españoles, entran pidiendo el saco que Borbón les ha prometido: llega de Roma un Mensajero demandando a Borbón en nombre de los romanos que alce el cerco, prometido gran suma de dinero para el ejército. Despide Borbón el mensajero romano negando su demanda, dando asiento de dar el día siguiente el asalto.

Borbón
    Contra el querer y potestad del mundo
    la bélica, española y fiera gente
    que sojuzgan la tierra, y al profundo
    causa terror su brío, y saña ardiente,
    sin valer la razón en que me fundo,
    ni ser a su braveza en nada urgente,
    por solo su desiño han levantado
    contra el pueblo de Marte el brazo airado.
      Testigos sois, o ilustres capitanes,
    cuan diferente en este hecho he sido,
    y con cuántos remedios los afanes;
    de la cercada Roma he defendido;
    mas la gente española, y alemanes,
    sin haberse a mi ruego persuadido
    ponen la escala al romúleo muro,
    y me piden que de el asalto duro.
      No está en mi mano, ni su furia admite
    en este caso parecer contrario,
    todo a la ira y armas se remite,
    un solo acuerdo sigue el vulgo vario.
    La funeral Alectho no permite
    descanso al crudo ejército adversario

	de la opresada Roma, que ella incita
	el daño que administra y solicita.
	Levántales los ánimos al hecho
	junto con su feroz naturaleza
	las recientes victorias, el estrecho
	en que ha puesto a Toscana su fiereza.
	Esto no deja sosegar su pecho,
	esto aumenta más ruego a su braveza.
	Y así viendo yo esto, y donde estamos,
	pido que deis el orden que sigamos.
Don Fernando	Gran general Borbón, a quien ha sido
	de nuestro invicto César dado el cargo
	meritísimamente, aquí se ha oído
	tu razón, y tu cargo, y tu descargo.
	Y porque el parecer nos has pedido
	doy el mío, que al punto sin embargo
	asaltemos a Roma; éste es mi acuerdo,
	y lo remito al parecer más cuerdo.
Morón	Usando del debido acatamiento
	si fuere aquí mi parecer acepto
	digo, gran don Fernando, que ese intento
	se reponga, y no tenga en esto efecto,
	que administrar de Marte el violento
	furor, no lo aconsejo, ni decreto,
	contra el pueblo que Dios tiene elegido
	para el vicario suyo instituido.
	Si esto es de algún valor seréis conmigo
	en aceptar mi parecer, piadoso,
	o por amor, o miedo del castigo
	reprimiréis el ánimo furioso.
	Mirad que a Dios hacéis vuestro enemigo,
	No os atreváis a él, que es poderoso

	y vengará su injuria de tal suerte que el menor mal que os dé, será la muerte.
Don Fernando	Gran capitán Morón, ¿dime qué pudo así mover tu corazón tan fiero? Cuando la gruesa lanza y fuerte escudo La causa pide, ¿te haces estrellero? Desto me da razón, porque yo dudo Como puede ser tal, que el duro acero que siempre amaste, agora lo aborrezcas, y la dureza antigua así enternezcas. ¿No ves los alemanes quebrantados morir por entregarse desta tierra? ¿Los fieros españoles alterados, dar voces por el fin de aquesta guerra? Si agora desto fuesen desviados y del deseo que su pecho encierra, verías a los unos y a los otros volver las fieras armas a nosotros. Pues si han de hacer cruda matanza en los que estamos de su misma parte cuánto mejor será darles venganza de nuestros enemigos, y deste arte, ensangrienten los bárbaros su lanza en Roma, y los de España en crudo Marte, pongan por tierra el muro de Quirino, hagan el pueblo igual con el camino.
Morón	No vendré en tal acuerdo eternamente ni tal sentencia firmará mi mano.,
Don Fernando	¿Por qué razón, o capitán valiente?
Morón	Porque es respecto aqueste de cristiano.

Don Fernando	¿Soy del bando cristiano diferente?
Morón	No digo tal, mas eres inhumano, pues quieres que el lugar que le fue dado por Cristo a Pedro sea de ti asolado,
Don Fernando	¿Qué podemos hacer? Pon tú en sosiego el ejército todo al arma puesto.
Morón	Amata tú hoy, Borbón, aqueste fuego.
Borbón	El modo me da tú, que siga en esto, y será obedecido de mí luego.
Morón	Modo pides, estando ya dispuesto el ejército fiero a la batalla, que la espada se oye, y ve la malla.
Don Fernando	¿Es la gente española tan modesta que así se aplaque de seguir su intento? Estando resoluta, y toda puesta al arma, que es su vida y su contento.
Morón	¿A nuestro invicto César no molesta tal desiño?
Borbón	Qué importa si el violento furor, se va esparciendo por las venas, que están de ira y de coraje llenas.
Morón	Supliquemos a Dios que el dé el remedio así como también dará el castigo.

Borbón	Oh capitán Morón, ése es el medio
que hallo, en esta confusión que sigo:
Él nos guíe, él esté contino en medio
siendo defensa nuestra, y dulce abrigo,
de suerte que el gran César nuestro sea
victorioso, y el fin que pide vea.
Avendaño	Borbón, ¿que es tu pensamiento
que nos detienes aquí?
No hay mas que el descanso en ti,
los regalos y el contento.
Dejas morir los soldados
de hambre, sin más memoria
de conseguir la victoria
de los romanos cercados.
¿Y vas os entreteniendo
con promesas non cumplidas
porque acabemos las vidas
como mujeres durmiendo?
¿Para qué traemos armas
si no habemos de usar dellas,
y si en ti no hay más que vellas
por qué con ellas te armas?
Toca alarma, asalta el muro;
no nos difieras más punto,
tu determinación junto
venga, y el asalto duro.
Y si más nos entretienes
hágote, Borbón, saber
que no te podrás valer
con todo el poder que tienes.
Borbón	Soldados fieros de España,
que sujetáis la arrogancia

del turco, y domáis a Francia
la una y otra Alemaña,
y desde el Danubio al Nilo
va, y a la desierta arena
de Libia y de allí resuena
vuestro nombre, y culto estilo,
   Que es la razón que tenéis
para culpar mi tardanza,
si está hincada mi lanza
en el muro, que queréis
y siguiendo vuestro gusto
hemos venido cercando
toda Italia demandando
lo que niega el cielo justo.

Escalona   General de Carlos Quinto,
mas sientes de lo que dices,
y si no es bien, no avises
si es que te falta el instinto.
Si a toda Italia cercamos,
Tú no nos dejaste usar
de la fuerza militar
que los soldados usamos.
   A Bolonia, y a Ferrara,
a Flaminia, y a Francia,
¿Quién nos hizo resistencia?
¿A qué no se saqueara?
El duque no, que ya estaba
temblando el asalto fiero,
mas tú como bandolero
haces lo que te agradaba.
   Tú nos has ido a la mano
apresanduro el viaje,
prometiendo gran pillaje

       de aqueste saco romano.
Discurrimos tras tu mando,
llegamos do dirigimos,
y el fin para que venimos
vas con plazos alargando.
   Borbón, deja ya razones,
toca alarma, asalta luego,
que ofende tanto sosiego
los bélicos corazones.
Y entiende que se pretende
poner por tierra esta tierra
y si a ti te enfría la guerra
a nosotros nos enciende.

Guarda	Ah romano, ¿qué buscáis? ¿Qué queréis? ¿O a qué venís?
Mensajero	Soldado, pues lo pedís, diré lo que preguntáis. Al gran general Borbón le vengo a dar un recado de Roma a él enviado vista nuestra perdición.
Guarda	Aguardad aquí un momento, y daré razón de vos.
Mensajero	La lengua te mueva Dios y a Borbón el pensamiento.
Guarda	Concilio alto excelente, un mensajero está aquí de Roma, y pido por mí ante vos verse presente.

Borbón	Dalde la puerta, entre luego, veamos que es lo que quiero.
Avendaño	Borbón, si paz te pidiere, cierra al oído a su ruego.
Borbón	Las armas le quitaréis para entrar como es usanza.
Avendaño	Dalde espada, escudo y lanza y entre armado, ¿qué teméis? Cuando franceses tuvieras y no españoles contigo, temieras al enemigo, mas si te guardan ¿qué esperas? Segura está tu persona, no puede venirte daño, que está contigo Avendaño y te acompaña Escalona.
Guarda	Licencia a entrar se os concede, mas que las armas dejéis.
Mensajero	¿Los españoles teméis? ¿Miedo con vosotros puede? ¿Así los hombres desarmas? ¿No eres tú de aquel crisol de España? Que el español no quiere al hombre sin armas. Generoso concilio, a quien el suelo dignamente celebra, y tiene en tanto que la gloriosa fama esparce al cielo el nombre vuestro en su divino canto,

ya veis patente nuestro acerbo duelo,
no podéis ignorar nuestro quebranto,
con vuestros propios ojos estáis viendo
el mal que hacéis, que Roma está sufriendo.
   Pídevos húmilmente que apartando
de vos tan fiero y pertinaz intento,
el cerco levantéis, ya perdonando
a quien nos ofendió, ni en pensamiento.
Que bien nuestra razón considerando
el más fiero dará consentimiento
al justo ruego, y templará la ira,
temiendo a Dios, que viendo tal se aíra.
Si alguna saña mueve el inhumano
deseo vuestro al cerco que está puesto;
si el pueblo que es de Dios, si el que es cristiano
ya contra Dios, y lo que manda en esto;
si a su vicario con violenta mano
asalta, el luterano viendo aquesto
¿Qué ha de hacer, sino seguir su furia,
y a nuestra iglesia hacer injusta injuria?
   Esto pueda con vos, aunque haya sido
Roma culpada, y dad lugar al ruego.
Que en ley humana, y divina, os pido
que permitáis dejalla en su sosiego;
y si para el ejército movido
falta dinero, yo lo daré luego,
no sea de cristianos saqueada
Roma, pues de cristianos es morada.

Borbón   Varón romano, el cielo es buen testigo
si la voluntad mía tal consiente,
mas que forzado en esto, el querer sigo
de la soberbia y española gente.
Con la cual, ni por ruego, ni castigo

	se ha podido templar su furia ardiente, Y así digo que en esto no soy parte y no tengo respuesta otra que darte.
Mensajero	Otra piedad traía confianza que había de hallar en tu presencia, mas pues me falta, sigue tu pujanza y contra Roma usa tu violencia. A Dios ofendes, y él dará venganza al pueblo que amenaza tu potencia, y con esto, o concilio valeroso, voy a dar mi recaudo congojoso.
Borbón	¿Qué resta para el fin de nuestro intento?
Don Fernando	Poner en obra lo que se desea.
Morón	No vengo en tal, ni doy consentimiento.
Avendaño	Nosotros demandamos la pelea.
Borbón	Esto se acabe, y quede dado asiento, Que luego que se muestre la febea luz, en el lugar do agora estamos para dar el asalto nos veamos. El parecer que en esto habemos dado se firme luego, y todos lo firmemos.
Don Fernando	Yo firmo lo que está por mí acordado.
Morón	Yo no, que no vendré a tales extremos. Que no me obliga a mí, aunque esté obligado servir a César, lo que aquí hacemos, que es ir contra la Iglesia, y su precepto.

Borbón	Sin ti vendrá nuestro deseo en efecto. También aquí ninguno va a ofendella porque somos católicos cristianos.
Morón	Ese camino no es de defendella del rigor de los fieros luteranos.
Borbón	No es aquesto dejar de obedecella, pues vamos a ofender a los romanos y a servir nuestro rey, y en este hecho darle lo que demanda su derecho. Cargad piezas, tocad que se recoja la desmandada y orgullosa gente. Reparen con reposo la congoja del día que huyendo va a occidente. Y luego que su luz muestre la roja Aurora, descubriéndose el oriente, haremos lo acordado; poned velas, encended fuegos, vayan centinelas.

Fin de la primera jornada

Jornada segunda

General Borbón, don Fernando Gonzaga. Guarda. Romano. Avendaño. Escalona. Cornelia. Julia. Camila. Alemán.

Manda Borbón que asalten a Roma, prende un espía romana, traénsela, manda que la ahorquen, Avendaño le pide que la mande soltar hácese así, comienza a batir a Roma, y el primer asalto muere Borbón subiendo el muro; hállanlo Avendaño y Escalona, llevanlo a su tienda, encuentran tres romanas cautívanlas, despojan y matan a un Alemán; tocan a recoger, cesa el saco por aquel día.

Borbón	Lleno de ira, y sobresalto horrible
	ardiendo en fiera y rigurosa saña,
	todo el discurso desta noche fría,
	revuelto en bascas, y congoja extraña,
	pasé con inquietud dura y terrible
	deseando la luz del claro día.
	Ya el alma revolvía
	a la triste ruina que promete
	España a la alta Roma.
	Que agora opresa y doma
	y la cerviz al yugo le somete
	después que fue señora
	del mundo, y tantas gentes domadora.
	Contemplo el alto Capitolio en tierra,
	su opulencia en poder de los soldados,
	el incendio, las muertes, las injurias,
	sus templos y edificios derribados
	las libertades de la libre guerra,
	Los sacrilegios, robos y lujurias,
	Las implacables furias
	de los soberbios bárbaros, dispuestos
	a la cruel matanza,
	usando en su venganza

	mil robos, mil estupros deshonestos,
	triunfando de la gloria
	de quien triunfó de tantos con victoria,
Don Fernando	Gran general de España, esta es la hora
	que asignaste, y el punto en que conviene
	dar el asalto, antes que el aurora
	rompa la oscuridad que el mundo tiene.
Borbón	Ea, gente indomable vencedora
	de todo cuanto el mundo en sí contiene,
	dispongamos el campo, ea, asaltemos,
	ea, el orden sigamos que tenemos.
	Vos, Don Fernando, por aquesta parte
	con aquesta avanguardia de alemanes
	romped el muro, y con soberbio Marte
	dad a Roma los últimos afanes.
	El orden mismo seguirán, y el arte
	los demás españoles capitanes.
	Vayan por esta banda arcabuceros,
	por aquella, caballos y piqueros.
	La Infantería italiana vaya
	cercando en torno el Tiber, un ala hecha,
	guarde el bagaje y munición, no haya
	desorden, que en la guerra esto aprovecha.
	Esté el contrario en su lugar a raya,
	y si huyere, viendo que lo estrecha
	nuestra gente, dará en la infantería,
	si se escapare, dé en la piquería.
	Soldados valerosos, ya es venida
	la ocasión que tenéis tan deseada,
	la diligencia sea apercibida
	de vos, y la pereza desechada,
	la victoria tenéis tan conocida

| | que esta noche me ha sido revelada
| | del piadoso y favorable hado,
| | que plácido en mi ayuda se ha mostrado.

Don Fernando ¿De qué sirven más arengas
              dinos, general Borbón?
              Que tengo a gran sinrazón
              que así suspensos nos tengas.
              Habían de estar ya en tierra
              los muros, y los soldados
              de los despojos cargados,
              cuando das leyes de guerra.
              El orden que nos has dado
              todo el campo seguiremos,
              mas solamente queremos
              que hagamos lo acordado,

Borbón   En ese mismo deseo
              estoy, mas para un momento,
              que un gran alboroto siento
              y el campo alterado veo.

Guarda   Gran Borbón, haciendo vela
              en este cuarto presente,
              en medio de nuestra gente
              prendí aquesta centinela.
                 Dice a voces que es romano,
              y pues es nuestro enemigo
              el mismo pide el castigo,
              no se lo niegue tu mano.

Borbón   Romano, di, ¿a qué viniste
              de tu Roma, a mi real?
              ¿Que es tu desiño final

                    y la causa a que saliste?
                    Si no me lo dices luego
                    de modo que satisfagas,
                    yo te haré que lo hagas,
                    poniéndote en vivo fuego.
                       No tienes razón que dar
                    si no decir quien te envía,
                    si vienes en compañía,
                    o si solo, a este lugar.
                    Y asildo, porque si ordena
                    hacer lo que Mucio obró,
                    cuando la muerte le dio
                    al contador de Porsena.

Romano   Señor, ¿qué quieres que diga?
                    Yo soy espía, y salí
                    de Roma, yo vine aquí
                    a espiar quien nos fatiga,
                    y habiendo considerado
                    todo tu campo dispuesto,
                    volvía avisarlo presto,
                    y atájome el crudo hado.

Borbón   ¡Eso no me satisface!
                    Con alguna maldad vienes.

Romano   ¿Aquesto por maldad tienes?
                    ¿Esto en guerra no se hace?
                    ¿Cuando faltarán espías
                    del un bando al otro puestas?

Borbón   No te pido estas repuestas,
                    sino solo ¿á qué venías?

Romano	Ya te he respondido, y digo
que te venía a espiar,
y a si te pudiera dar
con esta mano el castigo.
Quieres saber más de mí,
no tengo más que decirte,
y así puedes persuadirte
que a poder lo hiciera así.
Borbón	Con tan extraña osadía
te has atrevido a hablarme.
Romano	Mas pensaba adelantarme
si fuera la suerte mía.
Borbón	Sus, colgado do aquel muro
pague sus intentos vanos.
Romano	No espantan a los romanos
muertes, ni castigo duro.
Avendaño	Esa braveza de Roma,
ese despreciar la muerte,
ese hablar de esa suerte
tú verás cómo se doma.
No permitas, gran Borbón,
tratarlo de aqueste modo.
Que no es bien que un campo todo
dé muerte a un hombre en prisión.
Deja ir libre ese romano,
diga su muerte vecina
que una sola golondrina
no suele hacer verano,
otra gloria, otro renombre

	tu gran valor nos promete,
	digan que un nuestro acomete
	un capón, y no un capón a un hombre.
Borbón	Dalde libertad, y vaya
	de nuevas de nuestra ida.
Romano	Roma aguarda apercibida,
	que temor no la desmaya.
Borbón	Dad principio al crudo estrago,
	toca al arma presto presto.
	Guarde cada cual su puesto.
	Santiago, Santiago.
	Este muro levantado
	por esta escala entraré,
	y luego que en él esté
	el fuerte tengo ganado.
	Poca defensa hay aquí,
	arriba, arriba, Borbón,
	No te falte el corazón.
	¡Muerto soy, triste de mí!
Avendaño	Anda, Escalona, llevemos
	a la tienda ese pillaje.
	No aguardes cargar bagaje,
	porque luego nos tornemos.
Escalona	Echa por este camino,
	atajaremos gran parte.
Avendaño	Éste al gran furor de Marte
	dio el espíritu mezquino.

Escalona	Paréceme que es Borbón aquel que allí vemos muerto.
Avendaño	Él es; no es otro por cierto, que acabó con su intención. Por ser nuestro capitán llevémoslo a nuestra tienda, y que es muerto no se entienda.
Escalona	Cárgate ese ganapán. Echémoslo de aquí abajo, dalo al diablo que pesa, por cierto que es buena presa para tan grande trabajo.
Avendaño	No es razón que lo dejemos, que en muerte no es bien vengarnos.
Escalona	Ni aún de un muerto es bien cargarnos pues hay río en que lo echemos.
Cornelia	¡Ay mísera caída, ay dio postrimero del valor alto de la sacra Roma, ay gente enfurecida, ay hombre de dinero, que así os consume el alma su carcoma! Hoy se sujeta y doma la ciudad que ha rendido cuanto mira el Sol puro, hoy sufre asalto duro, y hoy será cuando puede destruido. ¡Ay dulce patria amada de Dios, para su Iglesia diputada!

              Hijas de mis entrañas,
              regalo y gloria mía,
              ¿En tan estrecho paso qué haremos?
              Vamos a las montañas,
              quizá hallaremos vio
              como del fiero incendio nos libremos.
              En las manos nos vemos
              de la enemiga gente,
              las haciendas quitadas,
              las casas abrasadas,
              sujetas al furor de su ira ardiente
              a riesgo que perdamos
              con la hacienda el nombre que estimamos.

Julia   Señora, la crueza
              del bárbaro enemigo
              que con airada y rigurosa mano
              usando su fiereza
              nos quita el patrio abrigo,
              asolando el valor y ser romano,
              cuando con su inhumano
              furor, haya igualado
              el Capitolio al suelo,
              su fuerza, ni mi duelo,
              harán mover mi virginal cuidado,
              ni con infamia oscura
              podrán amancillar su hermosura.

Camila   Cuándo puesta en sus brazos
              quisieron con violencia
              sobrepujar mi femenil sujeto,
              seré hecha pedazos
              con firme resistencia,
              primero que venir en tal decreto.

	Mas si en tan duro aprieto
	fuere más poderosa
	su fuerza que la mía,
	el cuerpo se rendía,
	no el alma, que en aquesta trabajosa
	lucha, estará constante,
	teniendo siempre el casto honor delante,

Cornelia   Ése solo recelo
            hijas, me congojaba.
            Mas ahora que veo vuestra firmeza
            no temo el triste duelo,
            ni el fin que me llamaba,
            con ver que no se pierde la nobleza.

Julia   ¡Ay tristes! ¿Qué fiereza
            de hombres, es aquesta?

Camila   Cielo justo, tu ayuda
            en este paso acuda.

Cornelia   Hijas, ánimo aquí, la hora es esta,
            ya enemigos vemos
            donde del valor nuestro ejemplo demos.

Avendaño   Anda, Escalona, apresuro
            el paso, ¿vienes durmiendo?
            Voto a tal que no te entiendo,
            ¿Tal vas en tal coyuntura?
            Ponte alas a los pies,
            y a las manos dos escarpias,
            anda, hagámonos harpías,
            pues tan buena ocasión es.

Escalona	Por el dador de la vida
que es buen pillaje el que veo.
Avendaño	Bueno Escalona, no creo
que es mala nuestra venida.
Arremete presto a asillas,
no vengan otros soldados,
y a la parte acodiciados
hayamos de repartillas.
Hermosas damas romanas,
pues fortuna os ha traído
a tal estado y partido,
pareciendo más que humanas,
permitid ir con nosotros,
adonde seréis guardadas
servidas y regaladas,
antes que os asalten otros.
Y tened seguro aquí
que lo que toca a guardaros
podéis, señoras, flores
deste soldado, y de mí.
No usaremos del furor
y libertad de la guerra,
que en nuestros pechos se encierra
la piedad, y no el rigor.
Cornelia	Soldados, yo he creído
que el cielo oyó nuestro llanto,
pues en tan fiero quebranto
nos ha a vosotros traído.
Y habiendo de ir tres matronas
en las cadenas esquivas,
libertad es ir cautivas
sirviendo tales personas.

| | Sola una cosa os demando
con lágrimas destos ojos,
que estas de que hacéis despojos
miréis, su honor conservando,
porque su rescate dellas
será tal cual lo veréis,
y sin esto subiréis
vuestro nombre a las estrellas. |
|---|---|
| Escalona | Señora, yo doy seguro,
por la ley de buen soldado,
que sea su honor guardado,
y a Dios lo prometo y juro. |
| Cornelia | Eso alivio el mal que siento,
y es parte de consolarme
del yugo a que veo llevarme. |
| Avendaño | No lo será más contento.
Aguarda, Escalona, tente,
ten la espada apercibida
que por ésta vía seguida
oigo gran tropel de gente.
Dos alemanes cargados
vienen, o fieros violentos,
con casullas, y ornamentos
de los templos consagrados. |
| Escalona | Ponte en aqueste paraje.
Pese a tal con los ladrones,
dennos en pocas razones
los pellejos y el pillaje.
Estate quedo, Avendaño,
déjalos, lleguen do estás; |

	pondrémoslos que jamás
en iglesias hagan daño.
Alemán	Cárgate bien, compañero,
no te detengas, ni tardes,
porque los despojos guardes
que llevas del saco lloro.
Los españoles no vengan
que si vienen, ten por cierto
que tú sin ropa, y yo muerto
quedamos, que así se vengan.
Avendaño	A ellos, ea, Escalona,
mueran entrambos a dos.
Escalona	Éste ya es mío, por Dios.
Avendaño	Pues estotro no blasona
huertos están, ¿qué haremos?
Escalona	Qué, no detenernos punto,
y ese lío todo junto
con lo demás nos llevemos.
Avendaño	¿Qué haces, a qué aguardamos?
¿No oyes a don Fernando
que su gente retirando
viene hacia donde estamos?
Sígueme por esta parte,
que si llega, es camarada,
y pedirá le sea dada
desta nuestra presa parte.
Escalona	Enviarelo yo a la horca

	de donde lleve despojos,
	questos al ver de los ojos
	los llevará sí se ahorca.

| Avendaño | Estorbemos pesadumbre. |

Escalona	Calla, que es ese un figón,
	Bergamasco, gran poltrón
	que lo baja su costumbre.

Avendaño	Este camino tornemos
	que es más cerca, y más seguido,
	y el robo que hemos habido
	entre los dos lo carguemos.
	Y, señoras, caminando
	poco a poco por aquí
	podremos llegar allí,
	do no llegue don Fernando.

Don Fernando	Extraño ha sido el riguroso estrago
	que en Roma habemos hecho con victoria,
	dándole el justo y merecido pago
	a su loca y altiva vanagloria.
	Lástima daba ver el rojo lago
	que por las calles iba, cuya historia
	Roma celebrará en eterno llanto,
	y a España ensalzará en divino canto.
	Atambor, toca a recoger la gente,
	que va del día faltando la luz pura,
	cose ya la crueldad, y saña ardiente,
	y de Roma la extrema desventura.
	A Borbón demos, general valiente,
	con tierno sentimiento sepultura;
	yo lo voy a buscar; tú echa bando

que en orden vengan al real marchando.

Fin de la segunda jornada

Jornada tercera

Filiberto. Don Fernando Gonzaga. Alemán. Farias. Guarda. Mensajero de Roma. Atambor. Avendaño. Escalona. Cornelia. Julia. Camila.

   Por la muerte de Borbón fue efigido capitán general Filiberto. Salen a un desafío singular Farias, un soldado español, y un Alemán luterano: hace traerlos a su presencia, y sabida la ocasión de su desafío, manda que al luterano arrojen en el río atado a un peso, y da libertad con muchas alabanzas a Farias. Viénele un mensajero de Roma, cuéntale los grandes daños que en ella se hacen, pidiéndole que cesasen. Otórgaselo; demándale las tres romanas que cautivaron Escalona y Avendaño, prometiendo su rescate; entrégaselas, y manda que luego marche el campo para Bolonia.

Filiberto	Del bélico furor y ardor de Marte
	los míseros romanos quebrantados
	andan vagando de una a otra parte,
	temblando de los bárbaros soldados,
	que arbolando de César le estandarte,
	a cuya sombra todos arrimados,
	con detestables daños han rendido
	el pueblo en todo el mundo más temido.
	Agora resta, ejército potente
	de Carlos invictísimo enviado
	a Esperia, a sosegar la fiera gente,
	y a opresar al rebelde y obstinado,
	que viendo la ruina y mal presente
	dejemos las reliquias que han quedado
	en Roma, del incendio riguroso,
	y el campo recojamos victorioso.
Don Fernando	Filiberto magnánimo, elegido
	por el cesáreo campo, en el oficio
	del general Borbón, que muerto ha sido,

sin verde Roma el fin, y cruel suplicio;
suplícote me sea concedido
de ti, que el campo ande en su ejercicio,
que es robar, pues ya sabes, que el soldado
ha de ser de la guerra aprovechado.
   Porque la gente de la invicta España,
que en este asalto ha sido la que ha hecho
todo el efecto, usando de la maña
de guerra, y del valor de su alto pecho,
hará punto, y tendrá a injuria extraña
impedirle su intento, y con despecho
levantará un motín, que nos veamos
en más afrenta que jamás pensamos.
Y por esta razón, o valeroso
Filiberto, permite aprovecharse
del saco, aquel ejército furioso
que su gloria es en esto recrearse.

Filiberto   Gocen del triunfo y premio victorioso,
que es el fin a que vienen a entregarse
al rigor de Vulcano, que mi intento
no es impedirle a ellos su contento.
   Mas condolido ya de la crueza
que se usa con Roma, ya arruinada,
ha movido mi ánimo a terneza,
sintiendo el mal que ha hecho nuestra espada.

Don Fernando   Deja aquesa congoja, esa tristeza,
que con razón ha sido castigada
su locura, y oigamos qué ruido
es éste, que acá viene dirigido.

Farias   No hay para que más razones,
ya estamos puestos en puesto,

	donde entenderás bien presto
	lo que sirven tus blasones.
	Y el agravio que te hice
	ha sido muy justamente
	y quien contradice miente,
	y quien otra cosa dice.

Alemán   Si han de averiguar las manos
           lo que dices que me has hecho,
           ¿No ves que son sin provecho
           aquesos desgarros vanos?
           Aqueste guante me diste,
           señalándome el lugar
           donde te lo había de dar,
           y al mismo efecto viniste,
              Aquí estamos, helo aquí,
           la ropa nos desnudemos,
           porque los dos peleemos,
           cual tú me pediste a mí.

Farias   No quiero verte desnudo
           por que eres soldado viejo,
           yo sí, que de tu pellejo
           pienso de hacer escudo.
              No por que entiendo con él
           de peligro defenderme,
           que no podrá guarecerme,
           que es menos que de papel.
           Y es agravio conocido
           a la española nación
           contra flaca defensión
           haber hazaña emprendido.

Alemán   Aquese hablar ataja,

	no ves que estás blasonando,
	y eres según voy notando,
	gran hablador de ventaja.
	Ea, desnúdate luego,
	o vestido como estás.
Farias	Pues lo quieres, tú verás
	como sales deste juego.
Don Fernando	Campo singular entiendo
	que es aquel, dame licencia,
	trairelos a tu presencia,
	quitaré el combate horrendo.
Filiberto	Pues te agrada, don Fernando,
	ir personalmente allí,
	ve, y traémelos ante mí,
	que aquí los estó aguardando.
Farias	Acaba de desnudarte.
	Tanto dilatas venir,
	es que temes el morir,
	y quieres así escaparte.
	Yo lo otorgaré perdón
	con hacerte dos mamonas,
	porque de tales personas
	basta tal satisfacción.
Alemán	Español cobarde, entiendes
	que en mí reina cobardía,
	veamos si tu osadía
	te de aquí lo que pretendes.
Farias	Poltrón, vil, y afeminado,

	tú verás lo que hay en mí,
Don Fernando	Parad, soldados, aquí.
Farias	Déjenos, señor soldado.
Don Fernando	No puede ser, que me envía el general a llamaros, y de fuerza he de llevaros.
Farias	Conmigo no se entendía.
Don Fernando	Si entiende, que yo os lo pido, y si vos me conocéis mi ruego a hacer vendréis.
Farias	Habiendo esto concluido,
Don Fernando	Español, tened por bien ir conmigo al general, que es la persona real; no uséis de aquese desdén.
Farias	Si viera al emperador a quien solo soy sujeto, no tuviera más respeto que a vos os tendré, señor. Porque tal comedimiento cual conmigo habéis usado son prisiones que han atado mi voluntad, de su intento. Y así, vamos do mandáis, mas será con condición que oída nuestra ocasión

	a do estamos nos volváis.
Don Fernando	Luego que el caso se vea
el general proveerá
lo que en ello se hará,
o por paz, o por pelea.
Filiberto valeroso,
estos dos fuertes soldados
salieron desafiados
a combate riguroso.
Enviásteme por ellos,
yo te los traigo y presento;
sabido su fundamento,
en paz procura ponellos,
Que soldados tan valientes
no es justo perder así,
y si no hay agravio aquí,
reprima sus accidentes.
Filiberto	Para que yo dé sentencia
y pueda determinar
vuestro campo singular,
del cual no tengo experiencia,
conviene que me informéis
cual ha sido la ocasión,
y oída la información
así la sentencia habréis.
Farias	En el asalto romano,
gran sucesor de Borbón,
metido, en la confusión
del ejército inhumano,
andábamos los de España
con los de Italia revueltos,

hurtando, todos envueltos.
Los de Francia y Alemaña.
  Cada cual, cual más podía,
del robo se aprovechaba,
y el que menos alcanzaba
llevaba más que quería.
Sucedió que andando en esto
una gran casa encontré.
Y queriendo entrar hallé
a uno a la puerta puesto.
  Dijo que me detuviese
por que entrar no era posible,
o que castigo terrible
vería si me atreviese,
confieso que me volviera
no por él, mas porque oí
gran estruendo, y vuelto en mí,
temí la que se dijera.
  Con un ánimo inhumano
dispuesto al cruel recuentro,
pregunté: ¿quién está dentro?
Que a mí me vaya a la mano.
Respondió: no basta yo,
y diciendo esto arremete,
y por mí espada se mete,
de la cual muerto cayó.
  Yo proseguí con mi intento,
y en la casa más entrando,
mas estruendo iba notando,
más voces, y más lamento.
Quisiera certificarme
de tan extraño ruido,
tan doloroso alarido,
primero que aventurarme.

 Y estando dudando así,
o decir: luteranos,
¿En Dios ponéis vuestras manos,
el cielo nos hunde aquí?
Yo que iba a entrar a este punto,
este traidor que salía
y una monja que traía
asida, y con ella junto.
 Como me vio diferente
en el hábito y postura,
Me dijo en tal desventura:
Español, séme clemente.
Que este fiero luterano
y otros de su mal ejemplo
este convento y su templo
han metido a saco mano.
 Las monjas traen arrastrando,
robando los ornamentos,
quemando los sacramentos,
y contra Dios blasfemando.
En oyendo la razón
de la monja maltratada,
arremetí con mi espada,
ardiendo en ciega pasión,
 Y viendo aqueste traidor
mi determinado intento,
la monja soltó al momento
por resistir mi furor,
y andando los dos riñendo
puesta en salvo la cautivo,
acudió gente de arriba,
y de la calle viniendo.
 Estorbaron la contienda,
porque él temió los de fuera,

	yo los que bajar oyera,
	y así tuvimos la rienda.
	Hame venido buscando,
	y pídeme que le dé
	la cautiva que se fue
	cuando nos vio peleando.
	Ésta ha sido la ocasión,
	gran general, y éste diga
	si es verdad, o contradiga,
	y da tu resolución.
Filiberto	¿Esto que aquí se ha propuesto
	es verdad cual lo has oído?
Alemán	Verdad es, mas soy ofendido,
	y a vengarme estoy dispuesto.
	Él me tiene de entregar
	la cautiva, o dar la vida,
	que esta razón de ti oída
	por fuerza me ha de ayudar.
Filiberto	Sí haré, si eres cristiano.
Alemán	No lo soy, más mi defensa
	es, que esta guerra dispensa,
	aunque yo sea luterano.
Filiberto	¿Lid singular entre dos
	sin mando puede aceptarse?
Alemán	Ahora puede dispensarse,
	dando la licencia vos.
Filiberto	La licencia que daré,

| | será que al Tiber romano
                  te arrojen, mal luterano,
                  enemigo de la fe.
                    Alto, haced lo que digo,
                  sin diferir un momento
                  de cumplir mi mandamiento. |

Guarda   Dársele ha el mismo castigo.

Filiberto   Y tú, valiente soldado,
                ve libre con la victoria,
                que justo es darle tal gloria
                a quien por Dios se ha mostrado.

Don Fernando   ¡O qué divina sentencia,
                digna de ser de ti dada,
                y que sea celebrada
                tu rectitud y prudencia!
                Y entiende que siendo oída
                del invicto emperador,
                que estimará tu valor
                por hazaña tan subida.

Guarda   Tu mandamiento fue hecho,
                como mandado me fue,
                y en el Tiber lo arrojé.

Don Fernando   Él ha sido un alto hecho.

Filiberto   ¿Cómo ejecutaste, di?

Guarda   Señor, atele un cordel,
                y una grande piedra en él,
                y al río lo arrojé así.

| | Un mensajero ha venido
de Roma, pide licencia
de venir a tu presencia:
de ti sea respondido. |
|---|---|
| Filiberto | Entre luego, y tú lo guía,
veamos qué es su demanda. |
| Guarda | Que entréis Filiberto os manda. |
| Mensajero | Mueve Dios la lengua mía.
Haz de modo que se aparte
de su rebelde intención,
y que oyendo mi pasión,
de aplacar su ira se aparte.
Pues nuestro grave dolor
nos tiene tales, Dios mío,
tiempla y mueve el crudo brío
del contrario vencedor.
   Si lugar diese la miseria mía,
senado, excelso, y declarar dejase
a la turbada lengua en este día,
sin que en llanto, cual suele, la ahogase,
no hay tanta saña en vos, que no sería
conmovida, ni cita que no usase
de piedad, oyendo nuestro duelo
que es el mayor que visto sea en el suelo;
   porque si dél hubiese de dar cuenta,
y vuestro corazón oír pudiese
el mal nuestro, y de Dios la injusta afrenta.
No es posible que a llanto no os moviese.
¿De qué gente se oirá, que no se sienta
que la Iglesia de Dios en poder fuese
de antitematizados luteranos, |

poniendo en ella sus violentas manos?
¿No os altera el espíritu? ¿Es posible
que vuestra cristiandad sufre tal cosa,
tal inhumanidad, mal tan terrible,
ofensa tal a Cristo y a su esposa?
¿No os levantáis, y dais castigo horrible
a la gente enemiga y odiosa
de la sede apostólica sagrada
de Dios instituida, a Pedro dada?
No es posible que en religión cristiana
quede tan gran insulto sin castigo,
ni el bárbaro inhumano, que profana
los preceptos de Dios como enemigo.
Ved por el suelo la valla romana.
Príncipes, escuchadme, estad conmigo,
que en breve suma quiero daros cuenta
si pudiere, de nuestra injusta afrenta.

   Luego que entrados nuestros muros fueron
por bélica violencia derribados
al suelo, y dentro en la ciudad se vieron
los libres y sacrílegos soldados,
los unos a los templos acudieron,
sin ser de su crueza reservados,
los otros a las casas principales
de grandes, o a robar los cardenales.

   Esto hicieron ya después que el fiero
furor de los nefarios luteranos,
asaz harto de haber con duro acero
tan gran matanza hecho en los cristianos,
con hambre insaciable de dinero,
acudieron al robo que sus manos
dejaban, por seguir otros ejemplos,
en corromper doncellas, quemar templos.

   Hanse hartado ya, ya no les queda

que poder hacer más, de lo que han hecho,
ni hay cosa ya que aprovecharles pueda,
ni en cosa en que no tengan su derecho.
Vuestra piedad, o príncipes, conceda
a Roma quedar libre deste estrecho;
miralda por el suelo ya arruinada
del furor y rigor de vuestra espada.

   Nunca se vio jamás en tal extremo
con haber sido perseguido tanto,
y es tanto que acordarme dello tremo,
y me corta el vigor el crudo espanto.
Que Alarico, en crueza rey supremo,
ni Atila le puso en igual llanto,
cual ahora se ve toda asolada
del furor y rigor de vuestra espada.

   Pideos humilde, o príncipes, que el fiero
cerco le alcéis, pues no le ha ya quedado
ropa, joyas, haciendas, ni dinero,
en que el campo no esté todo entregado;
mejor veis esto vos, que yo os refiero,
y mejor sabéis vos la que se ha usado
con la mísera Roma que os demanda
la piedad en hazaña tan infando.

Filiberto	Gran romano, no sé cómo te diga
	el dolor que de Roma se ha sentido,
	ni qué camino en este caso siga
	que satisfaga, y sea yo creído,
	porque no faltará quien contradiga
	que de mí fue y ha sido consentido,
	hacer a la alta Roma tal ultraje,
	de las paces quebrando el homenaje.

   Bien es a todo el mundo manifiesto
lo poco que yo debo en esta parte,

| | y así no quiero disculparme en esto,
| | sino respuesta a tu embajada darte,
| | y digo que del cerco tan molesto
| | que con justicia dices agraviarte,
| | serás libre, y el campo levantado,
| | así cual pide Roma en tu recado.

Mensajero   Pues, general valeroso,
               cuya bondad da ocasión
               que olvidemos la pasión
               de nuestro estado lloroso,
               de aqueste fiero combate
               tres cautivas han traído
               a tu real; yo las pido,
               dando el debido rescate.

Filiberto   En eso y en lo demás
               se cumplirá lo que dices,
               como tú dello me avises,
               sin faltar desto jamás.
               Atambor, echad un bando
               que cualquiera que tuviere
               tres cautivas, sea quien fuere,
               las venga manifestando.

Atambor   Manda el señor general
               por bando, a ser compelido
               al que de Roma ha traído
               tres romanas al real,
               que para ser rescatadas
               de su miserable suerte,
               manda so pena de muerte
               sean luego ante él llevadas.

Avendaño	Habiendo tu bando oído,
	venimos a obedecello,
	como es justicia hacello,
	y tú ser obedecido.
	Estas son las tres cautivas
	que del asalto romano
	trajimos por nuestra mano
	a las prisiones esquivas.
Filiberto	¿Son éstas las que buscáis?
Mensajero	Señor sí, aquestas son
	cuya nobleza y blasón
	es más de lo que pensáis,
	y así, soldados valientes,
	sin que en esto haya debate,
	ponelde nombre al rescate
	de las cautivas presentes.
Escalona	Siendo de tanto valor
	no tenemos que pedir,
	mas querello remitir
	a vuestro acuerdo, señor.
	Y lo que hicierédes vos,
	nosotros lo obedecemos,
	y contentos quedaremos,
	de cualquier modo, los dos.
Mensajero	El gran cardenal Colona,
	alto general, me envía
	a esto, y él te pedía
	lo que lo por su persona.
	Él dará resolución
	de lo que se debe dar,

	o quisieren demandar,
	por aquesta redención.
Filiberto	¿Qué queréis, señor soldado,
	que se os envíe en rescate?
Avendaño	Señor, deso no se trate,
	que eso a vos queda encargado.
Filiberto	Llevaldas, pues tan hidalgo
	Avendaño se os ofrece,
	y más de la que merece
	por fácil merezca algo.
Cornelia	Sumo general de España,
	no sé con qué razón diga
	lo que tu bondad me obliga,
	en tan heroica hazaña.
	Mas remítolo al sentido,
	pues se me turba la lengua,
	y súplase aquesta mengua
	con ser el caso entendido.
	Nosotras cautivas fuimos
	destos dos fuertes soldados,
	en quien hallamos cobrados
	los regalos que perdimos.
	Porque en el buen tratamiento,
	no pudiera yo su madre,
	ni su poderoso padre,
	tratarlas con más contento.
	Y en nuestras penas esquivas
	y en nuestras ansias sobradas,
	fuimos servidas, guardados,
	que nunca fuimos cautivas.

	Y así se enviará a los dos
	el rescate, oh general,
	tal, y si no fuere tal,
	a pedirlo iré por Dios.

Mensajero — Dándonos, señor, licencia,
queremos ir nuestra vía.

Filiberto — Vaya Dios en vuestra guía.

Mensajero — Y él quede en vuestra presencia.

Filiberto — Vos de mi guardia id con ellos,
acompañad su viaje,
no se le impida el pasaje,
y alguien se atreva a orendellos.
Valeroso don Fernando,
el campo recogeréis
luego, y con él os iréis
para Bolonia marchando,
porque nuestro emperador
me envían hoy avisar
que allá se va a coronar.

Don Fernando — Así lo haré, señor.
Toca a recoger al punto,
y di a la gente de guerra
que el bando, y dejar la tierra,
se tiene de cumplir junto.
Que so pena de la vida
el que en Roma se tardare
un hora, si no marchare
a Boloña en vio seguida.

Atambor	Manda el señor don Fernando,
en nombre del general,
que todos los del real
le sigan luego marchando,
y que dejando sus modos
y tratos, dentro de un hora
oyendo mi voz agora,
venga a noticia de todos.

Fin de la tercera jornada

Jornada cuarta

Don Fernando Gonzaga. Capitán Sarmiento. Salviati. Emperador Carlos V.
    Llegados a Bolonia don Fernando de Gonzaga y el capitán Sarmiento, se encuentran, tratan de algunas cosas, y de la ocasión que lo movió al emperador a querer coronarse en Bolonia. Sale el invicto emperador, recibe la corona imperial por la mano de Salviati.

Don Fernando	No sé cómo encareceros señor capitán Sarmiento, el regocijo que siento de veros bueno, y de veros. Y aunque en mi larga jornada he venido quebrantado, con solo haberos hallado, es suave y regalada.

Capitán	En esa misma ocasión,
	es tan bueno mi derecho
	que me deja satisfecho
	con no deciros razón.
	Que siendo tan conocida
	mi pura amistad de vos,
	no hay engaño entre los dos,
	si las dos es una vida.
	   Y dejando esto a una parte,
	decidme cómo os ha ido
	en el saco, que he sabido
	que alcanzasteis buena parte.
	Esto supe en Barcelona
	de un correo que llegó
	de Roma, que se envió
	a la Imperial persona.
	   Con el cual me pasó un cuento

bien gracioso sobre mesa,
que contando vuestra empresa
perdió el hablar, y aun el tiento.
Porque le sentí el humor
que era amigo de brindar,
tanto como de hablar
con ser muy buen hablador.
  Hice que menudeasen
los pajes en su porfía,
de un vino de Malvasía,
y que las tazas colmasen.
Él enamorado dellas,
siguiendo tras sus amores
se puso de más colores
que el arco de las doncellas.
  Vino el negocio a tal punto
que vierais vuestro correo
no correr, ni dar meneo
que no fuese todo él junto.
Yo por honor de su fama
hice que lo desnudasen,
y de brazo lo llevasen
a reposar a la cama.
  Y luego que amaneció,
me dijo muy reposado:
cierto no ha mal caminado
quien de Roma ayer salió.
Yo, visto que aún te duraba
el humo de Malvasía,
nada no le respondía,
y de vos le preguntaba.
Y a poder de rempujones,
me dio estas nuevas de vos,
que las estimé por Dios,

       cual razón, no cual razones.
       Y no me fiara dél,
       por estar tal, cual os digo,
       mas afírmolo un su amigo
       que posó junto con él.

Don Fernando En el asalto romano,
       es negocio tan cantado
       que no se halló soldado
       que no hinchese la mano.
       Por donde bien se entendía
       que si a todos les sobraba,
       que a mí que entre ellos andaba,
       tampoco me faltaría.
        Porque veáis por las calles
       ropas, tapices, vajillas,
       sin estimarse, esparcillas,
       y esparcidas, no tocalles.
       Verdad es, que los de España
       el robar ejercitaban,
       contrario de lo que usaban
       los bárbaros de Alemaña.
       Estos, ni templo dejaron,
       ni religión que no entrasen,
       ni imagen que no quemasen,
       ni monja que no forzaron.
       No procuraban dinero,
       que dél no hacían cuenta,
       mas con una sed sangrienta,
       satisfacían a Lutero.
        Pero la gente invencible
       de la nación española
       fue la que no pudo sola
       sufrir maldad tan terrible.

　　　　　　　　　Y así siempre los seguían,
　　　　　　　　　y los hacían mil pedazos,
　　　　　　　　　y con sus valientes brazos,
　　　　　　　　　la cristiandad defendían.
　　　　　　　　　　Los rebeldes luteranos
　　　　　　　　　en un riesgo tan extraño
　　　　　　　　　Recibían mayor daño
　　　　　　　　　de España que de romanos.
　　　　　　　　　Mas al fin ellos hicieron
　　　　　　　　　cuanto pudo ser posible,
　　　　　　　　　y aun cosas que es imposible
　　　　　　　　　que hombres a tal se atrevieron.
　　　　　　　　　　Y pudiérate contar
　　　　　　　　　cosas que vi con mis ojos,
　　　　　　　　　y en cosas hacer despojos,
　　　　　　　　　que te hiciera llorar.
　　　　　　　　　Mas déjolas, porque huyo
　　　　　　　　　su memoria que me atormenta,
　　　　　　　　　solo porque me des cuenta
　　　　　　　　　de una cosa en que concluyo.
　　　　　　　　　　¿Cuál ha sido la razón
　　　　　　　　　te ruego me des aviso,
　　　　　　　　　porque aquí el gran César quiso
　　　　　　　　　hacer su coronación?
　　　　　　　　　Si a Roma tenía sujeta,
　　　　　　　　　y es uso allí coronarse,
　　　　　　　　　¿Qué le movió aquí apartarse?

Capitán　　　　　No ha sido causa secreta.
　　　　　　　　　La causa más principal
　　　　　　　　　fue la ruina presente,
　　　　　　　　　y en un dolor tan reciente
　　　　　　　　　el placer sería mortal.
　　　　　　　　　También se consideró

que aderezos faltarían
en Roma, cual convenían
sabido que tal quedó.
   Otras causas te han movido
al emperador de España,
que son ir de aquí Alemaña,
a cosas que han sucedido,
principalmente aplacalla.
Que entre algunos señalados,
ejercitan alterados
lanza, escudo, espada, y malla.
   A reducir a su fuero
algunas francas ciudades,
que intentando libertades,
huyen del cesáreo impero.
Y hanse venido a ligar
los esguizaros con ellas,
para querer defendellas,
y aquesto va a sosegar.
   Va a elegir los electores
del alto rey de romanos,
y a Hungría a esforzar los vanos
y repentinos temores
que Babada, rey de Buda,
con favor de Solimán,
junto gente, y que a Austria van
la primavera sin duda.
   Éstas y otras cosas son
las causas para no ir
a Roma, por acudir
de aquí, a su petición.
¿Y nosotros qué hacemos?
¿No oyes gran vocería?
De placer, sigue esta vía,

y en la ciudad nos entremos.
   Hora es ya, que este ruido
nos aviso que nos vamos,
porque si acá nos estamos
haremos lo no debido.
Sigamos este camino
que más cerca me parece,
por éste que se me ofrece,
don Fernando, te encamino.

Salviati

Excelso emperador, luz de la tierra,
a quien el sumo Altitonante tiene
por pilar de su fe, pues en ti encierra
cuanto a tal ministerio a ver conviene,
por quien el fiero turco se destierra,
y el valiente francés temo, y no viene
a inquietar el mundo, que tu mano
invencible, sujeta y tiene llano.
   Guardando el uso que se guarda en esto,
tu majestad católica, en presencia
de Dios, me juro siempre estar dispuesto
con eterna observancia y obediencia
en defender la Iglesia, del molesto
Lutero, y los demás, que con violencia
la ofendieren, siguiendo el crudo intento.

Emperador

Yo ratifico vuestro juramento.

Salviati

Reciba vuestra majestad, agora,
las insignias que pide la grandeza
de emperador, y aquesta vencedora
mano, tenga este cetro de firmeza;
esta espada, que sea domadora
del enemigo de la fe, y su alteza;

este mundo de oro, que es el mundo
de que os hace señor, sin ser segundo.
Esta corona a vos justa y debida,
sustente la cabeza gloriosa,
como cabeza de la fe, elegida,
para ampararla de la cisma odiosa.
Y el cielo os dé y otorgue tanta vida
cuanto durare en él la luz hermosa
del Sol, y os dé victorias excelentes
de varias, fieras, y enemigas gentes.
  Y porque resta que la sacra mano
del vicario de Dios os unja, vamos,
Emperador dignísimo romano,
a quien el cetro y obediencia damos,
y el Hacedor del cielo tan ufano
os haga, que de vos solo veamos
el nombre eterno, de inmortal memoria,
poniendo fin en esto a nuestra historia.

Fin de la comedia

Libros a la carta

A la carta es un servicio especializado para
empresas,
librerías,
bibliotecas,
editoriales
y centros de enseñanza;
y permite confeccionar libros que, por su formato y concepción, sirven a los propósitos más específicos de estas instituciones.

Las empresas nos encargan ediciones personalizadas para marketing editorial o para regalos institucionales. Y los interesados solicitan, a título personal, ediciones antiguas, o no disponibles en el mercado; y las acompañan con notas y comentarios críticos.

Las ediciones tienen como apoyo un libro de estilo con todo tipo de referencias sobre los criterios de tratamiento tipográfico aplicados a nuestros libros que puede ser consultado en Linkgua-ediciones.com.

Linkgua edita por encargo diferentes versiones de una misma obra con distintos tratamientos ortotipográficos (actualizaciones de carácter divulgativo de un clásico, o versiones estrictamente fieles a la edición original de referencia).

Este servicio de ediciones a la carta le permitirá, si usted se dedica a la enseñanza, tener una forma de hacer pública su interpretación de un texto y, sobre una versión digitalizada «base», usted podrá introducir interpretaciones del texto fuente. Es un tópico que los profesores denuncien en clase los desmanes de una edición, o vayan comentando errores de interpretación de un texto y esta es una solución útil a esa necesidad del mundo académico.

Asimismo publicamos de manera sistemática, en un mismo catálogo, tesis doctorales y actas de congresos académicos, que son distribuidas a través de nuestra Web.

El servicio de «libros a la carta» funciona de dos formas.

1. Tenemos un fondo de libros digitalizados que usted puede personalizar en tiradas de al menos cinco ejemplares. Estas personalizaciones pueden ser de todo tipo: añadir notas de clase para uso de un grupo de

estudiantes, introducir logos corporativos para uso con fines de marketing empresarial, etc. etc.

2. Buscamos libros descatalogados de otras editoriales y los reeditamos en tiradas cortas a petición de un cliente.